Dieses Buch gehört:

....

Sonja Meierjürgen

Wie leben die Delfine?

TESSLOFF

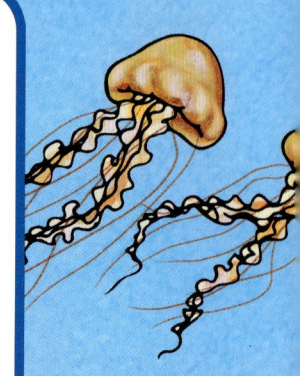

Hallo!

Ich bin Fridolin, der Delfin.
Wir Delfine leben im Meer.
Aber wusstest du,
dass wir unter Wasser
gar nicht atmen können?
Komm doch mit und tauche ein
in meine Welt.

Hast du beim Lesen
gut aufgepasst?
Dann ran ans Lesequiz!

Mach mit beim
Buchstabenrätsel!
Im Buch zeige ich dir
fünf Buchstaben.
Setze sie zusammen.
Wie heißt das Wort?
Die Lösung findest du
auf Seite 47.

Inhalt

Säugetiere im Meer   4

So viele Delfine   10

Ein Leben im Wasser   16

Delfine in der Schule   24

Auf der Jagd   30

Ein Kälbchen im Meer   38

Delfine und wir   44

Delfine in Gefahr   45

Mein großes Lesequiz   46

Säugetiere im Meer

Vor uns liegt das weite Meer.
Es leuchtet tiefblau –
überall, wohin wir sehen.
Hier leben die Delfine.

Blitzschnell schwimmen sie
durch das Wasser.
Manchmal springen sie auch
lustig über die Wellen.
Dann tauchen sie ab
und sind nicht mehr zu sehen.

Im Meer sind
die Delfine
zu Hause.

Delfin

Pottwal

Delfine gehören
zu den Walen.

Dicke Verwandtschaft

Hast du gewusst,
dass Delfine zu den Walen gehören?
Sie sind also mit den Pottwalen
oder den riesigen Blauwalen
verwandt.

Es gibt ungefähr
80 Walarten auf der Welt.
Etwa 40 Arten davon
sind Delfine.

Mit den spitzen Zähnen
schnappen Delfine
ihre Beute.

Kräftig zubeißen

Delfine haben viele spitze Zähne.

Sie sehen aus wie kleine Kegel.

Damit fangen die Tiere ihre Beute.

Delfine gehören deshalb

zu den Zahnwalen.

Die meisten Wale sind Zahnwale.

Bartenwale haben keine Zähne

und können auch nicht zubeißen.

Mit den Barten filtern sie

kleine Krebse aus dem Wasser heraus.

Wir sind keine Fische!

Auf den ersten Blick
sehen Delfine aus wie Fische.
Sie sind aber nicht einmal
mit ihnen verwandt.
Delfine sind nämlich Säugetiere.

Nach der Geburt trinken Säugetiere
Milch bei ihrer Mutter.
Auch bei den Delfinen ist das so.
Delfinbabys kommen lebend auf die Welt.
Fische schlüpfen aus Eiern.

Der kleine Delfin
bleibt ganz nah
bei seiner Mutter.

Tief einatmen

Fische können
unter Wasser atmen.
Dafür haben sie Kiemen.

Delfine haben aber Lungen,
genau wie wir Menschen.
Deshalb halten sie
unter Wasser die Luft an.
Zum Atmen tauchen sie
immer wieder auf.

Beim Ausatmen
macht der Delfin
viele Luftblasen.

Mein Lesequiz !?

1 **Delfine gehören zu den ...**

a) Fischen.

b) Haien.

c) Walen.

Antwort c) ist richtig.

2 **Was haben Delfine?**

a) Sie haben Kiemen.

b) Sie haben Zähne.

c) Sie haben Barten.

Antwort b) ist richtig.

So viele Delfine

Die bekanntesten Delfine
sind die **Großen Tümmler**.
Sie leben in vielen Meeren
der Erde.

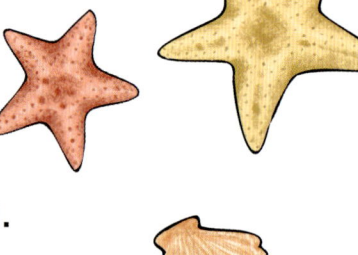

Die Tiere können
bis zu vier Meter lang werden.
Damit gehören sie zu den
größten Delfinen der Welt.

Große Tümmler sind sehr schlau
und sehr verspielt.

Große Tümmler
sehen aus,
als würden sie
lächeln.

Der Große Schwertwal
wird auch Orca genannt.

Schwarz-weiße Riesen

Er sieht aus wie ein Wal
und er heißt auch so.
Der Große Schwertwal
gehört aber zu den Delfinen.
Er ist sogar der größte Delfin der Welt.
Ein Männchen kann zehn Meter lang
und acht Tonnen schwer werden.

Schwertwale haben immer großen Hunger.
Fische, Vögel, Robben oder Pinguine:
Nichts ist vor ihnen sicher.
Etwa 200 Kilogramm Futter
braucht ein Schwertwal am Tag.

Noch mehr Delfine

Gemeiner Delfin

Der **Gemeine Delfin**
kommt recht häufig vor.
Er ist kleiner und leichter
als der Große Tümmler.

Spinnerdelfin

Spinnerdelfine können
richtig tolle Kunststücke.
Sie springen meterhoch
aus dem Wasser.
In der Luft drehen sie sich dann
ein paar Mal um sich selbst.

Der **Hector-Delfin** ist
einer der kleinsten Delfine.
Er wird höchstens
150 Zentimeter lang.

Hector-Delfin

Zügeldelfin

Zügeldelfine erkennt man
an den Flecken auf der Haut.

Rundkopfdelfin

Rundkopfdelfine haben
eine kurze, flache Schnauze.
Das ist ungewöhnlich
für einen Delfin.

Ältere Amazonas-Delfine haben eine rosa Haut.

Leben im Fluss

Die meisten Delfine leben im Meer.
Es gibt aber auch Arten,
die in Flüssen leben.

Der Amazonas ist ein großer Fluss
in Südamerika.
Hier lebt der Amazonas-Flussdelfin.

Er hat eine sehr lange Schnauze.
Damit wühlt er im Schlamm
am Grund des Flusses.
So stöbert er seine Nahrung auf.

Mein Lesequiz !?

1 **Welche sind die größten Delfine?**

    a) Die Großen Tümmler.

    b) Die Gemeinen Delfine.

    c) Die Schwertwale.

Antwort c) ist richtig.

2 **Wo lebt ein Flussdelfin mit rosa Haut?**

    a) In Nordamerika.

    b) In Südamerika.

    c) In Europa.

Antwort b) ist richtig.

Ein Leben im Wasser

Delfine sind ihr ganzes Leben lang
im Wasser.
Ihr Körper ist dafür perfekt gebaut.

Er ist schmal und lang gestreckt.
Damit können die Tiere
schnell und elegant
durch das Wasser gleiten.

Außerdem haben Delfine
eine glatte Haut.
Daran kann das Wasser
sehr gut vorbeifließen.

Elegant gleiten Delfine
durch das Wasser.

Das Wasser ist eisig kalt.
Dem Großen Schwertwal
macht das nichts aus.

Können Delfine frieren?

Im Meer ist es oft ziemlich kalt.

Trotzdem frieren Delfine nicht.

Unter ihrer Haut haben sie nämlich

eine dicke Fettschicht.

Sie schützt die Tiere

vor dem kalten Wasser.

Alle Wale haben eine solche Fettschicht.

Man nennt sie Blubber.

Bei manchen Arten kann der Blubber

mehr als 50 Zentimeter dick werden.

Zeig mir deine Fluke!

Delfine haben eine kräftige Schwanzflosse.

Sie heißt **Fluke**.

Beim Schwimmen bewegen die Tiere

ihre Fluke immer auf und ab.

Damit kommen sie richtig schnell voran.

Etwa so schnell wie ein Auto in der Stadt.

Schnell wieder abtauchen!
Die Fluken schauen
noch aus dem Wasser.

Finne

Flipper

Fluke

Flipper und Finne

Die Brustflossen der Delfine
heißen **Flipper**.
Mit ihnen bestimmen die Tiere,
wohin sie schwimmen.

Auf dem Rücken sitzt die **Finne**.
Sie hält den Delfin gerade im Wasser.
So dreht er sich beim Schwimmen
nicht ständig hin und her.

Delfine atmen durch das Blasloch auf dem Kopf.

Blasloch

Ein Loch im Kopf

Delfine haben keine Nase.
Sie können auch nicht
durch den Mund Luft holen.

Sie atmen durch ein Loch
auf ihrem Kopf.
Das ist das Blasloch.

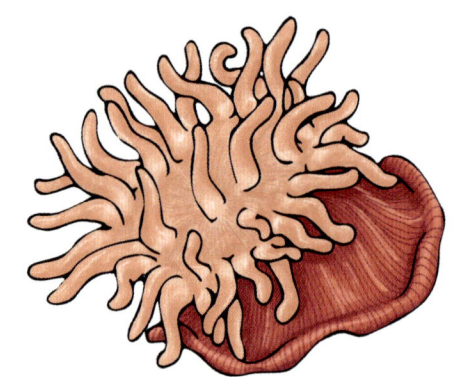

Unter Wasser können die Tiere
ihr Blasloch verschließen.
So kommt kein Wasser in die Lunge.

Atmen nicht vergessen!

Einatmen und ausatmen –
das geht bei uns Menschen
ganz von selbst.
Wir müssen gar nicht
darüber nachdenken.

Bei den Delfinen ist das anders.
Zum Luftholen müssen sie
extra wieder auftauchen.
Sogar wenn sie schlafen!

Schnell wieder
auftauchen und
Luft schnappen!

Halb eingeschlafen

Delfine schlafen immer nur
mit einer Hälfte des Gehirns.
Und auch nur ein Auge
ist dabei geschlossen.

Die andere Gehirnhälfte
und das andere Auge
sind wach und passen auf.
So können sich Feinde
nicht einfach anschleichen.

Delfine dürfen
auch beim Schlafen
das Atmen
nicht vergessen.

Mein Lesequiz !?

1 **Warum frieren Delfine nicht?**

a) Wegen ihrer dicken Fettschicht.

b) Sie haben Haare auf der Haut.

c) Das Wasser ist warm genug.

Antwort a) ist richtig.

2 **Wie atmen die Delfine?**

a) Durch die Nase.

b) Durch den Mund.

c) Durch das Blasloch.

Antwort c) ist richtig.

Delfine in der Schule

Delfine sind sehr gesellig.
Sie suchen den Kontakt
zu anderen Delfinen.
Deshalb schließen sie sich
zu Gruppen zusammen.
Eine solche Gruppe von Delfinen
nennt man Schule.

In manchen Delfinschulen leben
nur zehn oder zwanzig Tiere zusammen.
Bei einigen Arten können es aber
auch hundert oder noch mehr Tiere sein.

Delfinschule

Delfine sind gern gemeinsam unterwegs.

Wie eine Familie

Eine Delfinschule ist wie eine Familie.
Im riesigen Meer bleiben
die Tiere oft eng zusammen.

In der Gruppe ist das Leben
leichter für die Delfine.
Gemeinsam jagen sie ihre Beute.
Und gegen Angreifer
können sie sich zusammen
viel besser verteidigen.

Zusammenhalten

Delfine schwimmen oft
dicht nebeneinander.
Dabei berühren sie sich gern
oder stupsen sich mit der Schnauze an.
So schließen sie Freundschaften.
Und sie lernen, gut zusammenzuhalten.

Schwache und kranke Tiere
werden besonders beschützt.
Zum Atmen bringen die anderen
sie immer wieder
an die Wasseroberfläche.

Diese beiden Freunde
verstehen sich gut.

Delfine können
lustige Geräusche
machen.

Verstehst du mich?

Delfine unterhalten sich
sogar miteinander.
Sie pfeifen, klicken, quietschen
oder schnattern.

Wir Menschen können
die Delfinsprache
leider nicht verstehen.

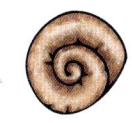

Viele Töne können wir
auch gar nicht hören.
Sie sind zu hoch für unser Gehör.

Große Tümmler erkennen sich an ihren Pfeiftönen.

Wie heißt du?

Manche Delfine haben sogar
einen eigenen Namen.
Der Name ist
ein ganz bestimmter Pfeifton.
Ein kleiner Delfin lernt ihn
bald nach der Geburt.

An seinem Pfeifen können ihn
die anderen Tiere erkennen.
Und sie können ihn rufen.

Mein Lesequiz

1 **Gehen Delfine in die Schule?**

a) Ja, sie lernen dort schwimmen.

b) Ja, sie lernen dort jagen.

c) Nein. Eine Gruppe Delfine nennt man Schule.

Antwort c) ist richtig.

2 **Wie unterhalten sich Delfine?**

a) Sie pfeifen und klicken.

b) Sie zwinkern sich zu.

c) Delfine können sich nicht unterhalten.

Antwort a) ist richtig.

Auf der Jagd

Die Lieblingsspeise der Delfine
sind Fische.
Manchmal fressen sie auch
Tintenfische oder Krebse.

Delfine sind sehr gute Jäger.
Denn sie sind schnelle Schwimmer.
Aber vor allem sind sie schlau.
So können sie ihre Beute
leicht überlisten.

Bei der Jagd sind Delfine
schnell und schlau.

Gemeinsam treiben Delfine ihre Beute zusammen.

Zusammen fischen

Delfine jagen meistens in der Gruppe.

Sie sprechen sich sogar dabei ab.

Jeder Delfin weiß genau,

was er zu tun hat.

Gemeinsam kreisen sie

einen Schwarm Fische ein.

Jetzt kann die Beute

nicht mehr entwischen.

Und die schlauen Jäger

müssen nur noch zuschnappen.

Der Delfin
hält seine Beute
gut fest.

Ich schnapp dich!

Einmal kräftig zubeißen –
und der Fisch ist erwischt!
Mit seinen spitzen Zähnen
hält der Delfin seine Beute fest.
Kauen kann er damit aber nicht.
Er schluckt den Fisch
in einem Stück hinunter.

Hören und sehen

Egal ob über oder unter Wasser:
Delfine sehen immer gleich gut.
Außerdem können sie
sehr gut hören.

Delfine können aber noch mehr.
Auch im trüben Wasser
finden sie sich gut zurecht.
Dabei helfen ihnen der Schall
und das Echo.

Delfine senden Laute aus.
Das Echo kommt wieder
zu ihnen zurück.

Klick, Klick, Klick

Echo, Echo, Echo

Hallo Echo!

Delfine machen Klick-Laute.

Die Laute sind so hoch,

dass wir sie nicht hören können.

Man nennt sie Ultraschall.

Der Schall trifft zum Beispiel

auf einen Felsen oder einen Fisch.

Dieser wirft ein Echo

zum Delfin zurück.

So weiß der Delfin:

Hier ist meine Beute.

Oder: Vorsicht, hier ist ein Hindernis!

Achtung, Angreifer!

Delfine werden auch selbst gejagt.
Große Haie sind gefährlich für sie.
Aber in der Gruppe sind Delfine stark.
Zusammen können sie Haie verjagen
oder sogar töten.

Auch der Große Schwertwal
hat Delfine zum Fressen gern.
Und das, obwohl er mit ihnen
verwandt ist!

Weißer Hai

Was Delfine alles können

Bei der Jagd kann ein Delfin
15 bis 20 Minuten unter Wasser bleiben.
Dann taucht er zum Atmen wieder auf.

Blitzschnell jagen Delfine
hinter ihrer Beute her.
Dabei schaffen sie locker
50 Kilometer pro Stunde.

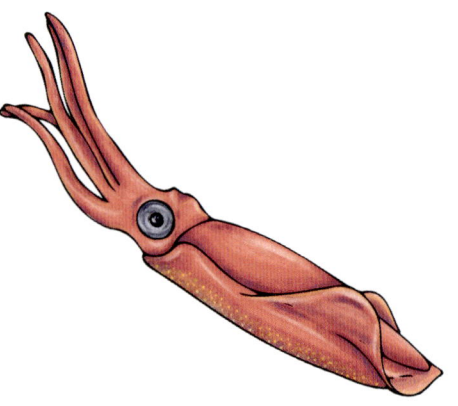

Meistens bleiben Delfine
nah an der Wasseroberfläche.
Für einen Leckerbissen können sie
aber auch richtig tief tauchen:
300 Meter und mehr.

Luft anhalten –
und los geht's
auf die Jagd!

Mein Lesequiz !?

1 **Wie jagen Delfine?**

　　a) Jeder Delfin jagt für sich allein.

　　b) Sie jagen gemeinsam.

　　c) Nur die Männchen jagen.

Antwort b) ist richtig.

2 **Welche Tiere sind gefährlich für Delfine?**

　　a) Fische und Krebse.

　　b) Tintenfische und Quallen.

　　c) Haie und Schwertwale.

Antwort c) ist richtig.

Ein Kälbchen im Meer

Hast du gewusst,
dass ein Delfinbaby
auch Kalb genannt wird?
Die Weibchen heißen Kühe.
Männliche Delfine nennt man Bullen.

Delfinkühe bringen meistens
nur ein Kälbchen auf einmal
auf die Welt.
Alle drei bis fünf Jahre
gibt es dann wieder Nachwuchs.

Der kleine Delfin
kann schon
richtig gut springen.

Groß und schwer

Mit der Fluke zuerst:
So werden Delfinbabys geboren.
Bei der Geburt sind die Kälber
ganz schön groß und schwer.

Ein Großer Tümmler ist schon
ungefähr einen Meter lang.
Und wiegt bis zu 30 Kilogramm.
Ein Schwertwalkalb kann sogar
160 Kilogramm und mehr wiegen.

Schwertwale

Große Tümmler

Das Kalb bekommt Milch von seiner Mutter.

Milch von Mama

Du weißt ja schon,
dass Delfine Säugetiere sind.
Auch ein Delfinbaby
trinkt Milch bei seiner Mutter.
Bis zu 18 Monate lang
wird es von ihr gefüttert.

In der Milch ist alles,
was das Kleine braucht.
Schon nach ein paar Wochen
ist es doppelt so schwer
wie bei der Geburt.

Erst mal atmen!

Eine Delfin-Mutter kümmert sich
sehr liebevoll um ihr Kälbchen.
Sofort nach der Geburt
trägt sie es nach oben
an die Wasseroberfläche.
Hier kann es zum ersten Mal atmen.
Schon bald kann das Kleine
von allein auftauchen und atmen.

Auftauchen zum Atmen:
Das muss ein Delfin
erst lernen.

Mutter und Kind

Ein kleiner Delfin schwimmt gern
eng bei seiner Mutter.
Sie passt gut auf ihr Kalb auf
und beschützt es vor Feinden.
Es lernt von ihr, wie man jagt.
Und es kuschelt auch gern mit ihr.

Auch andere Weibchen
kümmern sich um die Jungen.
Sie tun sich zusammen
und ziehen ihre Babys
gemeinsam auf.

Die Weibchen
kümmern sich
gemeinsam
um ihre Jungen.

Mein Lesequiz !?

1 **Wie nennt man ein Delfinbaby?**

a) Kalb

b) Kuh

c) Schaf

Antwort a) ist richtig.

2 **Wie wird ein Delfinbaby geboren?**

a) Mit dem Kopf zuerst.

b) Mit der Fluke zuerst.

c) Mit der Finne zuerst.

Antwort b) ist richtig.

Delfine und wir

Viele Menschen lieben Delfine.
Denn sie sind freundlich,
neugierig und verspielt.

Oft begleiten Delfine
Boote auf hoher See.
Sie reiten auf den Bugwellen.

Manchmal werden
auch Taucher
von Delfinen besucht.

Delfine haben auch schon
Menschen im Meer geholfen.
Sie beschützen sie vor Haien.
Oder sie retten Menschen
vor dem Ertrinken.

Delfine in Gefahr

Plastik im Meer ist schlecht
für alle Meerestiere.
Es zerstört ihren Lebensraum.

Schiffe, U-Boote oder Bohrinseln:
Im Meer ist es ganz schön laut.
Der Lärm stört die Delfine.
Manchmal verirren sie sich dann.

Große Fischernetze
sind gefährlich für Delfine.
Sie können sich darin verfangen.

Viele Menschen wollen
den Delfinen helfen.
Sie arbeiten dafür,
dass die Tiere
besser geschützt werden.

Mein großes Lesequiz

1 **Wie lang wird
der Große Tümmler?**

a) Bis zu vier Meter.

b) Bis zu vierzehn Meter.

c) Bis zu vierzig Meter.

Antwort a) ist richtig.

2 **Wie schlafen Delfine?**

a) Sie schlafen am Meeresgrund.

b) Sie schlafen tief und fest.

c) Sie schlafen immer nur
mit einer Gehirnhälfte.

Antwort c) ist richtig.

3 Wie finden sich Delfine im Wasser zurecht?

a) Mit Schall und Echo.

b) Mit Licht und Schatten.

c) Durch Sehen und Riechen.

Antwort a) ist richtig.

4 Was fressen Delfine?

a) Haie und Schwertwale.

b) Fische und Tintenfische.

c) Wasserpflanzen und Algen.

Antwort b) ist richtig.

Buchstabenrätsel

Das gesuchte Wort lautet **Fluke**.

Bildquellennachweis

Archiv Tessloff: 1m, 2-3Hg., 5ur, 6mr, 8or, 9Hg., 10mr, 12-13Hg., 15Hg., 16mr, 20ur, 21or, 23Hg., 25ur, 26or, 27mr, 29Hg., 31ur, 36mr, 37Hg., 40ur, 43Hg., 44-45Hg., 46-47Hg., 48Hg.; **picture alliance:** 7u (imageBROKER/Norbert Probst), 10u (imageBROKER/SeaTops), 12mr (robertharding/Michael Nolan), 13or (imageBROKER/Alexander Schnurer), 13ml (Reinhard Dirscherl), 16u (imageBROKER/Andrey Nekrasov), 21ul (Mary Evans Picture Library/Augusto Leandro Stanzani/ardea), 22u (dpa/epa/Jim Hollander), 25o (Minden Pictures/Flip Nicklin), 30u (Photoshot/Paulo de Oliveira), 40o (Minden Pictures/Hiroya Minakuchi), 41u (Photoshot), 45ul (REUTERS/ANDRES STAPF); **Shutterstock:** 4u (David OBrien), 5ol (Willyam Bradberry), 5or (Martin Prochazkacz), 6ol (tubuceo), 8u (Gema Alvarez Fernandez), 11o (wildestanimal), 12ol (Sergey Uryadnikov), 13ur (Tory Kallman), 14o (Anirut Krisanakul), 17or (buchpetzer), 18u (Four Oaks), 19o (Neirfy), 20o (Dai Mar Tamarack), 24u (lena2016), 26u, 27o (Elena Larina), 28o (Yuriy Seleznev), 31o (wildestanimal), 32o (Joost van Uffelen), 33u, 34ol (Andrea Izzotti), 34or (Martin Prochazkacz), 35u (Derek Heasley), 36u (Wonderful Nature), 38u (Andrea Izzotti), 39ul (slowmotiongli), 39ur (vkilikov), 42u (Willyam Bradberry), 44ol (NattapolStudiO), 44or (Kristina Jonas), 44mr (FLICKETTI), 44ul (Martin Prochazkacz), 45or (MOHAMED ABDULRAHEEM), 45ml (Arild Lilleboe), 45mr (Anne Powell)

Umschlagfotos: Archiv Tessloff: U1Hg. (Icons), U4ol (Icons); **picture alliance:** U1 (imageBROKER/Norbert Probst); **Shutterstock:** U4 (Wirestock Creators)

Text: Sonja Meierjürgen
Illustrationen: Ruth Koch
Bildredaktion: Katja Filler
Gestaltung: Ruth Koch

ISBN 978-3-7886-7723-7

FSC
www.fsc.org
MIX
Papier aus verantwortungsvollen Quellen
FSC® C002795

WAS IST WAS Erstes LESEN easy!
Band 1
Entdecke die Bäume
TESSLOFF

WAS IST WAS Erstes LESEN easy!
Band 2
Tiere im Meer
TESSLOFF

WAS IST WAS Erstes LESEN easy!
Band 3
Wie lebt die Honigbiene?
TESSLOFF

WAS IST WAS Erstes LESEN easy!
Band 4
Entdecke den Weltraum
TESSLOFF